I0473523

SEJA
APROVADO
EM
CONCURSOS

JOSÉ CARLOS DE
ANUNCIAÇÃO
CARDOSO

Frei Paulo, SE, 2012.

ÍNDICE

1. INTRODUÇÃO

Na minha longa experiência de "concurseiro" tenho observado as dificuldades apresentadas por aqueles que almejam uma vaga nos órgãos públicos. Sabemos que todo e qualquer projeto precisa de um planejamento, de uma estratégia para ser bem sucedido, muito embora isso não signifique que alcançaremos o êxito pretendido. Todos os anos, órgãos públicos concursos e processos seletivos para o preenchimento dos seus quadros. Devemos descartar a ilusão de que serão escolhidos os mais competentes. Nem sempre aqueles dotados de uma inteligência superior e capacidades especiais conseguirão o tão sonhado emprego seguro e um alto salário. A realidade é bem outra.

A realização de concurso público é uma forma democrática de selecionar candidatos para ocupar vagas existentes em determinado momento no órgão público que realiza a seleção. Devemos ter em mente que os concursos públicos não são realizados para escolher os mais competentes ou mais inteligentes. Na verdade é quase uma espécie de loteria do emprego público, levando-se em consideração as poucas vagas para milhões de candidatos. Aquele que acerta mais questões consegue o prêmio disputado. Observem que os grandes concursos comprovam isso. E não vejo perspectivas de mudanças nesse quadro no futuro, principalmente com a escassez de oportunidades a cada ano, onde mais e mais candidatos disputam vagas nos cargos públicos.

Podemos então indagar: qual a saída? O que devemos fazer para conseguir a tão sonhada vaga? Estudar muito? Fazer cursinhos? Realmente, podem ser estas as soluções. Mas como arranjar tempo e dinheiro para fazer tais cursinhos? Por serem recursos escassos, apenas alguns poucos conseguirão obter esse bem tão sonhado. A melhor solução é buscar os atalhos, que podem ajudar a resolver problemas com a falta de tempo, um dos entraves para aqueles que necessitam ler e aprender materiais volumosos das mais diferentes áreas, como também reduzir a distância que os separa dos superdotados e abençoados pela sorte financeira.

Os atalhos são as técnicas de aprendizagem que ajudam a memorizar, para recuperar informações em seu cérebro no momento da prova.

As tradicionais provas aplicadas nos concursos, temos observado ao longos dos concursos realizados, são péssimas formas de avaliar os conhecimentos teóricos e práticos de um candidato. Em última instância, servem apenas para saber quem tem uma boa memória ou não. Valoriza-se apenas uma aprendizagem automatizada, voltada apenas para se recuperar as informações lidas, sem levar-se em conta a relevância do conhecimento, a capacidade de usar inteligentemente essas informações. É a valorização do famoso e velho conhecido "decoreba". Ganha mais pontos quem lembrar mais.

Poucas instituições que elaboram concursos preocupam-se de fato em avaliar os candidatos de forma a selecionar aqueles cujos conhecimentos estejam mais próximos do perfil desejado pelo o órgão público que oferece as vagas.

Mas não adianta chorarmos ou lamentarmos esse tipo de postura das instituições organizadoras de concursos. Com certeza um dia as pessoas serão selecionadas por suas capacidades reais em resolver problemas, e não apenas pela capacidade de acumular bilhões de informações que nunca usarão na vida. Usar o ENEM como seleção para uma vaga nas universidades é a chamada "luz no fim do túnel", pois esta forma de seleção leva em consideração a capacidade real do aluno.

Entretanto, voltando à realidade dos concursos, devemos buscar os atalhos para superar as limitações e vencer a concorrência. Devemos nos valer dos "macetes", armas poderosas para alcançar a vitória desejada. Devemos sistematizar o que já se conhece em termos de aprendizagem, colocando em prática estes conhecimentos para se obter resultados satisfatórios.

Uma guerra é vencida por aquele que possuir as melhores estratégias de combate. O que importa não é possuir as armas mais poderosas, mas sim o modo de usá-las. Na guerra para se obter uma vaga num órgão público, para vencer um concurso, devemos usar as estratégias de preparo antecipado, da capacidade de articular as informações e organizá-las no cérebro e, saber responder adequadamente ao que é solicitado. Não é impróprio, compararmos um concurso público a uma batalha. Geralmente concorrem milhares de candidatos a uma única vaga. Enfrentamos pessoas bem treinadas, com grande experiência profissional, múltiplas graduações e pós-graduações. A competição é acirrada. Os que estiverem mais bem-preparados vencerão a disputa.

Pretendemos com este trabalho mostrar como obter uma preparação adequada para enfrentar a concorrência. Serão observadas dicas práticas, através das quais você poderá obter êxito em praticamente qualquer concurso, desde, é claro, que tenha tempo suficiente para estudar e se preparar. Ser aprovado em um concurso não é fácil, mesmo com essas dicas. Apenas tenha a certeza que, colocando em prática os principais "macetes" dos que venceram disputas intelectuais, suas metas a serem alcançadas terão menos "pedras no caminho".

2. APRENDENDO A APRENDER

O que você lerá nesta apostila diz respeito ao processo de aprendizagem. Temos certeza que em sua maioria, os professores não sabe como ensinar a aprender, e pior, muitos ensinam a aprender da maneira errada. Porque para ensinar a aprender é necessário ensinar seus alunos a pensar, refletir e resolver problema., ao invés de ensina-lhes a decorar e encher a memória com frases prontas, listas de palavras sem sentido e conteúdos vazios de qualquer significado na vida prática. Para interromper esse círculo vicioso, o aluno precisa reaprender a aprender.

O caminho para uma aprendizagem mais eficaz se dá através do conhecimento:

• de si mesmo;

• de sua capacidade de aprender

• do processo que você utilizou com sucesso no passado;

• do interesse e conhecimento inicial que você tem do assunto que você quer aprender.

Podemos aprender com facilidade matemática, química ou física, pois é muito difícil aprender a jogar tênis, desenhar e vice-versa. Toda aprendizagem é um processo que se estabelece em determinadas etapas.

2.1. Etapas para a aprendizagem

1ª. - Comece fazendo uma reflexão sobre estas questões:

- Qual sua experiência sobre como você aprende?
- Você gostava de ler? Resolver problemas? Memorizar? Recitar? Interpretar? Falar em público?• Sabia fazer resumo?
- Fazia perguntas sobre o que havia estudado?
- Fazia revisão?
- Tinha acesso a informações de várias fontes?
- Gostava de silêncio ou de grupos de estudo?
- Precisava de várias sessões curtas de estudo, ou de uma sessão longa?
- Quais são seus hábitos de estudo? Como evoluíram? O que funcionou melhor? E o que funcionou pior?
- Como você mostrou o que aprendeu melhor? Através de um teste escrito, um trabalho escolar, uma entrevista?

2ª. Quando estiver com um material nas mãos para estudar, reflita:

• Estou interessado nisto?

- Quanto tempo quero levar aprendendo isto?
- O que me chama atenção?
- O que posso controlar, e o que está fora de meu controle?
- Posso modificar essas condições para obter sucesso?
- O que afeta minha dedicação para aprender isto?
- Eu tenho um plano? O meu plano leva em conta minha experiência passada e meu estilo de aprendizagem?

3ª. – Considere

o assunto em questão:

- O tópico. O título.
- As palavras-chave que se destacam? As que eu entendo.
- O que já sei sobre isto.
- Os assuntos correlatos que conheço.
- Os recursos e as informações que me ajudarão.
- Devo confiar em apenas uma fonte para obter informação?
- Fontes adicionais.
- À medida que estuda, perguntar se está aprendendo.
- Questionar a velocidade que está estudando. Devo ir mais rápido ou mais devagar?

- Perguntar qual o motivo que não está aprendendo, se for o caso.
- Parar e fazer resumo?
- Questionar a lógica do assunto.
- Avaliar o assunto. Concordo/discordo?
- Preciso discutir o assunto com outros "aprendizes" para poder processar a informação?

4ª. - Recapitulando

• O que fiz certo?

• O que poderia fazer melhor?

• Escolhi as condições certas?

• Eu as segui? Fui disciplinado comigo mesmo?

• Fui bem-sucedido?

• Celebrei meu sucesso?

2.2. Bons hábitos de estudo

Todos podem se preparados para ter sucesso nos estudos. Isso porque é essencial aprender aquilo que necessitaremos provar numa prova ou teste. Aprender não é "apenas decorar", vai além. Você terá aprendido algo quando for capaz de demonstrar o modo de usar o conhecimento de modo prático e eficaz o que foi memorizado.

Procure desenvolver e valorizar os seguintes hábitos:

- Responsabilize-se por você mesmo. Responsabilidade é o reconhecimento de que, para obter sucesso, você deve tomar decisões sobre suas prioridades, seu tempo e seus recursos.
- Não deixe amigos e conhecidos ditarem o que você considera importante pra a sua vida pessoal e profissional.
- Siga com as prioridades que você estabeleceu para si mesmo, e não deixe os outros ou outros interesses desviarem você de seus objetivos.
- É importante observar-se. Descubra quais os locais de estudo onde você pode, de fato, se concentrar e produzir.
- Considere-se em situação de vencedor. Nem todos os concorrentes estarão lendo um material como esse e provavelmente. Saber é poder. Suas chances aumentam pelo simples fato de você tomar conhecimento das melhores estratégias de estudo.

3. COMO OBTER SUCESSO NOS ESTUDOS

Deve partir de o próprio aprendiz definir o estudo como uma atividade importante para o seu sucesso. A automotivação é a melhor forma de adquirir permanente interesse e determinação para se atingir o sucesso.

O segredo está em descobrir qual é a maneira mais eficiente de estudar. Planejar ajuda a usar o tempo eficientemente. Criar o hábito de estudar, estabelecer uma rotina, Com a prática será possível reduzir o tempo a ser dispensado para o estudo.

Toda aprendizagem é uma "estrutura" que deve ser assimilada globalmente. A aprendizagem é uma corrente. O que se aprende deve estar conectado ao que já foi aprendido. Existem várias maneiras de estudar. Apresentaremos nesta apostila as mais eficazes. É necessário que você compreenda as diferentes etapas da atividade. Vejam quais são elas:

1ª Etapa inicial (fase de contato)
- Trace objetivos para si mesmo;
- Divida o material que você vai estudar em grupos de 03 páginas;
- Leia em voz alta e depois escreva os títulos e subtítulos do assunto;
- Adquira uma visão global do assunto indo até o final do tema;
- O que você já sabia sobre o assunto com as novas informações;
- Consulte o dicionário para que não fiquem palavras sem serem entendidas.

2ª Etapa Intermediária (fase analítica)
- Compreenda os detalhes, sem perder a noção do conjunto;
- Divida e organize;
- Transforme o texto em itens;

- Grife, sublinhe, ponha sinais;
- Garanta a perfeita compreensão (peça ajuda leia outros livros, etc.).

3ª Etapa Final (fase da síntese)

* Estabeleça os pontos-chave;

* Retire os exemplos, as repetições;

* Fique com as orações principais;

* Substitua as frases longas por mais curtas;

* Conserve apenas o fundamental.

Conhecendo a si mesmo

É importante, em primeiro lugar, que você se conheça melhor, e para isso você precisa saber:

• Quais as suas dificuldades em relação aos estudos;

• Quais as suas reações quando começa a estudar;

• Quais as suas limitações (tempo, espaço, recursos).

Para obter o controle do seu conhecimento, precisa ter objetivos e mantê-los ativos. Acreditar em seus objetivos e em você mesmo, desenvolver a autodisciplina, organizando seu tempo e estabelecendo horários para suas atividades. Mantenha-se motivado. Se você tem um objetivo, acredite nele. Com disciplina e automotivação você conseguirá obtê-lo.

3.1. Como fazer pesquisa

A pesquisa é utilizada com a intenção de aprofundar os assuntos estudados. O pesquisador vai buscar informações referentes ao assunto estudado em documentos, obras de outros pesquisadores, depoimentos, publicações periódicas. Essa pesquisa deve ser fundamentada em algumas normas ou regras, tendo-se claro o tema da pesquisa, o que se procura e onde se procura através de:

- Entrevistas;
- Pesquisa bibliográfica;
- Uso da biblioteca;
- Coleta de informações: 1º: analisar o índice para ter uma visão geral dos assuntos tratados; 2º: separar as obras necessárias; 3º: fazer as anotações necessárias à pesquisa colocando os dados bibliográficos: o nome do autor, o título da obra, a cidade em que foi publicado, o nome da editora, a data da edição e a página.
- Anotações, que podem ser: transcrição de partes interessantes, colocando-se a citação entre aspas, em seguida o ano da edição e o número da página; resumo do texto, com destaque para as principais ideias do autor.

4. COMO ESTUDAR ASSUNTOS DIFÍCEIS

A maior dificuldade de grande parte dos estudantes é entender o texto que lê, principalmente se for um texto com termos técnicos, de difícil entendimento. Como nossa inteligência é considerada normal, dentro dos padrões medianos, então se não conseguimos entender um texto, somente pode ser por algumas das razões abaixo citadas:

1ª) Por não entendermos o significado das palavras do texto (idioma desconhecido, textos técnicos etc.);

2ª) Falta de elementos básicos anteriores. Uma pessoa dificilmente conseguirá entender uma equação do primeiro ou segundo grau se não souber as operações básicas de matemática;

3ª) O texto está mal escrito. Nem sempre os autores conseguem transmitir o que sabem ao escreverem um texto.

4ª) Falta motivação ou concentração necessária para ler e aprender o que desejamos.

Caso você não se enquadre em nenhuma das hipóteses anteriores, veja o modo de como dominar textos de aparência difícil:

- Leia o título e o primeiro parágrafo;
- Se houver um resumo, leia esse resumo;
- Saiba como o material está organizado;
- Se precisar de mais conhecimento, procure em outra fonte.

Agora analise se você tem base suficiente para começar a ler.

- Procure as ideias principais;
- Procure cabeçalhos, títulos e subtítulos;
- Selecione os tópicos frasais;

- Utilize gráficos e diagramas;
- Faça anotações à parte para organizar essas ideias;
- Procure palavras-chave;
- Procure palavras com significados são importantes para a compreensão do material, porém não se esqueça do contexto;
- Monitore sua compreensão;
- Pare periodicamente e se pergunte: "o que aprendi?" Incorpore as novas aprendizagens ao que você já sabe;
- Leia novamente;
- Se não compreender uma ideia, volte e leia novamente;
- Expresse ideias difíceis com suas próprias palavras;
- Leia até o fim;
- Não desanime e pare de ler;
- Ideias podem se tornar mais claras à medida que você for lendo. Quando terminar a leitura, revise para ver o que aprendeu e releia as ideias que não ficaram claras.

4.1. A importância do entendimento

Veja esta adaptação livre de um conto hindu.

> *Havia numa cidadezinha do interior, uma família onde nasceram quatro*

crianças cegas. Todos sentiam pena dos meninos que passavam o dia inteiro contando histórias uns para os outros como forma de passar o tempo. Eles não tinham muitas experiências fora de casa, já que os pais dos meninos eram lavradores e não podiam levá-los para suas atividades de trabalho, devido aos inúmeros perigos no campo. Assim, deixavam os filhos em casa.

Certo dia, um amigo da família, um rapaz muito sensível chamado João, decidiu oferecer uma oportunidade aos meninos levando-os a conhecerem alguma coisa nova e assim alegrarem as suas pobres vidas. Foi até a casa dos garotinhos e contou-lhes com alegria que havia chegado um circo à vila, cheio de atrações, muitos animais, e estava se instalando nas redondezas. Disse também que era algo fabuloso.

E tinha mais: junto com o circo, tinha vindo um elefante! Os meninos já conheciam vários animais, especialmente animais domésticos. Eles já haviam tocado, abraçado e sentido o cheiro de gatos, de cachorros, de cabras e de porcos. Um deles já tinha até subido em um cavalo. Mas de elefantes só tinham ouvido falar. As crianças ficaram curiosas para saber como era o tal animal. João tentou explicar-lhes como eram os elefantes. Disse que eram animais enormes, gordos. Sem dúvida, os maiores. Só o rabo era pequeno. Tinham um longo nariz e dois dentes tão grandes que não cabiam dentro da boca.

Como será que eles imaginavam o que era um elefante?

João logo compreendeu que não adiantava muito ficar falando.

Afinal, o que é conhecer?

– Não adianta eu tentar explicar a vocês qual é o gosto de uma maçã. Por mais que eu explique vocês só ficarão conhecendo o gosto de uma maçã depois que a experimentarem, dizia João aos meninos ansiosos.

Resolveram ir, todos, até o circo para ficar "conhecendo" um elefante.

João os guiou até o local onde estava armada a grande lona. Ao chegarem, procuraram o zelador dos animais do circo e explicaram ao moço que tomava conta do elefante o desejo dos meninos de tocar o animal, de senti-lo. Como o elefante era manso, o zelador não viu por que não atender tal desejo, pois era tamanha a expectativa daqueles meninos cujos olhos, mesmo cegos, pareciam brilhar. João os aproximou, com cuidado, para que eles pudessem ficar tocando o elefante.

Um deles segurou a tromba do elefante, sentiu seu movimento e logo exclamou:

– O elefante é parecido com uma cobra!

Outro, que havia tocado e balançado a orelha do elefante, discordou:

– *Ele parece mais com um abano,* daquele que usamos para

espantar moscas.

O terceiro tinha abraçado a pata do elefante, gorda e imóvel, e falou:

Não sei como vocês podem dizer isso, o elefante se parece com uma árvore que tem a casca um pouco mais macia.

O último menino cego segurou o rabo do elefante e anunciou veemente:

– Nada disso, elefante é como uma corda e tem cheiro de cocô de cavalo!

Pronto, a discórdia se estabeleceu, e não foi fácil para João esclarecer as dúvidas. Tentando explicar para o primeiro menino que o elefante não era uma cobra, pediu-lhe que apalpasse o resto do

rosto. Acabou ouvindo a pergunta indignada:

– Pô... João! Porque você não explicou logo que elefante tem o rabo na frente?!...

O que aprendemos com essa estória? Em todo o processo de aprendizagem, é importante envolver-se com aquilo que estamos aprendendo. Temos que ter uma visão global do assunto, compreender cada uma das partes, para que entendamos todo o conjunto. A história mostra a importância de conhecermos as partes integrantes do todo. Se não conhecermos profundamente cada componente do material a ser estudado, tornar-se-á difícil sua assimilação no geral.

5. A AUTOMOTIVAÇÃO

Geralmente decidimos muitas vezes começar um regime para emagrecer, parar de fumar, começar um curso, aprender a tocar um instrumento, aprender a dançar, praticar alguma atividade esportiva, estudar para um concurso, mas ao final de alguns meses, olhamos para trás e descobrimos que faltou motivação suficiente para ao menos começar ou continuar até alcançar a meta desejada inicialmente.

Dificilmente encontraremos alguém que não tenha passado por algo assim ao menos uma vez na vida. A razão é realmente muito simples: falta-nos motivação suficiente.

A motivação, o incentivo, é uma força poderosa quando precisamos alcançar uma meta seja ela o que for. Observe o que acontece com os jogadores de futebol, um time de basquete ou mesmo com atletas que participam de uma competição. Ouça o que lhes gritam o treinador. Veja como ele os empurra para o sucesso, ajudando-os a enfrentar e superar a dor, o cansaço e os demais competidores. Quem tem o melhor treinador, ganha sempre, essa é a regra geral. Por isso, mesmo nos estudos é importante ter um "personal trainer", se possível. Nem sempre se poderá contratar alguém especializado na tarefa de dar-lhe os incentivos e apoio adequado ao seu sucesso estudantil. Talvez você possa eleger um amigo, pai, mãe, cônjuge ou um profissional da área de educação ou psicologia para lhe dar os incentivos e motivações necessárias. Essa medida vai ajudar você a se manter na direção das suas metas. É necessário esclarecer que você deve nutrir por essa pessoa algum tipo de respeito, do contrário a atuação dela de nada valerá.

Acostumamo-nos a preencher as expectativas criadas por nossas famílias, escolas. Às vezes lutamos e alcançamos algo que era o desejo dos nossos pais e demais familiares. Tenho certeza de que você já obteve algum sucesso na vida fazendo isso. Imagine agora você conquistando o que deseja ou necessita para a sua vida, um objetivo apenas seu, que lhe dê prazer, contentamento, segurança e conforto. Você já não fará nada apenas para agradar aos outros, mas também e principalmente para agradar a si mesmo.

Os motivos pessoais nascem e mantêm-se por meio de incentivos, ou seja, são os estímulos externos que provocam e mantêm os motivos. Estas são as justificativas que uma pessoa tem para atuar, para agir.

Abraham Maslow (108-1970), psicólogo norte-americano, considerava os motivos (motivação para fazer ou deixar de fazer alguma coisa) como sendo necessidades e classificava-os em seis níveis diferentes:

- necessidades fisiológicas;
- necessidades de segurança;
- necessidades de afeto;
- necessidades de reconhecimento;
- necessidades de auto realização;
- necessidades de saber.

Em outras palavras, uma pessoa só estará em condições de alcançar um nível mais alto, depois de passar pelas etapas anteriores. Você já estabeleceu suas metas relacionadas com seus estudos? Já sabe o que deseja realmente alcançar? Qual o concurso em que deseja obter aprovação? Em quais provas precisa obter notas satisfatórias? O que vai ganhar/lucrar/obter ao atingir essas metas? Quando tiver isso definido claramente, estará no caminho de obter uma motivação poderosa.

5.1. Como você pode se automotivar?

TÉCNICA 1 – O Incentivador Permanente

Escolha uma pessoa de sua confiança. Pode ser pai, mãe, irmão, cônjuge ou amigo. Se não encontrar alguém com o perfil certo, contrate um profissional da área de psicologia ou pedagogia. Explique a essa pessoa que a função dela será de:

1. Acompanhar suas atividades estudantis
2. Checar os seus prazos
3. Avaliar seu progresso

4. Reforçar as metas que você mesmo estabeleceu

Tudo deve ser feito de comum acordo. O seu incentivador deverá fazer contato com você pelo menos três vezes por semana, para saber do seu progresso. Esse contato deve ser agendado para que não se perca o foco. Tal medida será na maioria dos casos suficiente para levar você a reacender a chama do entusiasmo.

Lembre-se de conversar profundamente com a pessoa escolhida para ser sua incentivadora sobre o quanto é importante para você alcançar suas metas. Diga-lhe que necessita de alguém que lhe dê ânimo, coragem e não o de um crítico policiador.

TÉCNICA 2 – Revisão Agendada

Essa é uma variação da anterior, quando você tiver dificuldade de encontrar alguém que lhe sirva de incentivador. É importante que você escreva, numa folha de papel, o máximo de três metas relacionadas com os seus estudos. Estas metas devem ser claramente definidas e ter um prazo para a sua realização. Veja Alguns exemplos:

	META	PRAZO
1ª	Estudar Apostila de Direito	Até dia...
2ª	Realizar prova simulada de	Até dia...
3ª	Rever tópicos de Gramática	Até dia...

Tendo estabelecido suas metas com prazo, faça seu agendamento para que, a cada duas vezes por semana, você verifique o que realizou para atingir a sua meta. Note que é importante estabelecer metas atingíveis. Metas que estejam além do seu limite poderão lhe causar frustrações desnecessárias.

6. GERENCIAR O TEMPO DE ESTUDO

Administrar o tempo é estabelecer e seguir um planejamento de estudo que visando organizar e priorizar a aprendizagem num contexto de atividades que podem competir com o estudo, como o trabalho, a família etc. Para isso:

- Monitore seu tempo.
- Reflita utilizar o tempo.
- Saiba se está perdendo tempo.
- Reflita se está produtivo.

Ao saber como você vai utilizar o tempo, irá ajudá-lo a planejar e determinar quando finda o seu projeto de estudos.

- Tenha uma lista do que deve fazer. Anote o que fazer, depois decida o que fazer naquele momento, o que pose ser agendado para mais tarde, o que adiar para mais tarde.
- Faça um planejamento diário/semanal. Anote em caderno, por ordem cronológica, compromissos, aulas. Sempre saiba de antemão o que tem para fazer naquele dia. Sempre vá para a cama sabendo que você está preparado para o dia seguinte.

- Faça um planejamento de longo prazo. Planejamentos de longo prazo também servem para lembrá-lo de planejar seu tempo livre.

Plano de estudo eficaz:
- Durma o suficiente e tenha momentos de lazer.
- Priorize as tarefas.
- Prepare-se para discussões/debates antes da aula.

Lembre-se: o esquecimento se dá dentro de 24 horas em que não houve revisão.
- Programe cinquenta minutos de estudo.
- Escolha um local para estudo em que não ocorram distrações.
- Busque "períodos onde o silêncio impere".
- Programe, tanto quanto possível, horas de estudo durante o dia.
- Programe uma revisão semanal.
- Previna-se para não se tornar escravo de seu planejamento.

A satisfação em observar uma tarefa executada pode gerar um sentimento de realização, até mesmo um sentimento gratificante de missão cumprida.

Utilize-se de todas as formas de reavivamento e reforçamento das tarefas e prazos que precisam ser cumpridos. Eis algumas ideias:

1) Envie e-mails pré-programados para os dias em que você necessite executar alguma tarefa ou cumprir um prazo no futuro.

2) Faça cartazes com as tarefas relacionadas com seus estudos e cole na porta do quarto, no banheiro ou em outro lugar visível.

3) Programe seu celular para avisá-lo (a) de atividades desejadas.

4) Mande telegramas pré-datados para si mesmo.

5) Escreva na sua agenda pessoal.

6) Programe uma
agenda eletrônica

7) Peça para alguém da família ou amigo fazer cobranças regulares a respeito do cumprimento das suas metas preestabelecidas

8) Recompense a si mesmo (a) quando atingir uma meta.

9) Reserve todos os dias 30 minutos para inspecionar sua lista de compromissos e aja imediatamente naquilo que for mais urgente.

10) Não queira estudar tudo de uma só vez – lembre-se de que a melhor forma para multiplicar o seu tempo precioso é dividir as tarefas – fazendo primeiro as

maiores ou mais importantes, depois as menores ou menos importantes.

6.1. Multiplicando o tempo

Certamente você já planejou começar a estudar para uma prova ou concurso e descobriu tempos depois que pouco ou nada foi concretamente realizado. A data do concurso se aproximou e você mal conseguiu ler inteiramente o edital. Embora existam muitas explicações para o fracasso de seu plano, a análise desse fracasso deverá ter início no plano propriamente dito.

Mesmo que você não queira realizar o estudo, para ser bem-sucedido é necessário permanecer motivado e fazer o que precisa ser feito. Muitas pessoas com frequência dizem que irão "tentar" estudar, mas infelizmente o que eles querem dizer é: "Esqueça — eu realmente não quero fazer isso e não vou fazer. Mais tarde, quando me perguntarem sobre meu progresso, utilizarei desculpas". Isso é muito comum em todas as atividades humanas, seja no lar, na escola ou no trabalho. O escritor Thomas Huxley disse que "*Talvez o resultado mais valioso de todo o processo educativo seja a habilidade de fazer você executar aquilo que tem que ser executado, no devido tempo, quer você goste ou não.*" Na verdade, todos nós   podemos empregar eficientes estratégias de administração de tempo para superar obstáculos e ter sucesso nos nossos afazeres. Essas estratégias incluem o planejamento, a implementação e avaliação do plano.

A vida corrida que todos enfrentamos nos oferece obstáculos múltiplos que podem nos impedir de realizarmos certas tarefas. A falta de tempo é com certeza o maior obstáculo a ser enfrentado pela maioria dos candidatos inscritos num concurso.

Existem pessoas que têm a tendência de adiar tudo e não administrar o tempo de maneira inteligente. Em resumo: acabam soterradas de atividades que precisam ser resolvidas de última hora, perdem os prazos, ou se estressam para produzir em pouco tempo o que poderia ter sido planejado e executado num tempo satisfatório. Tais pessoas precisam entender que existem três objetivos principais que elas devem respeitar — ou seu planejamento irá falhar. O primeiro é escrever, listar as principais atividades que desejamos ou precisamos executar. Ou seja, devemos hierarquizar as tarefas. O que é mais importante e essencial deve ser realizado primeiro. Em segundo lugar, devemos planejar como e quando certas etapas devem estar concluídas. Por último, precisamos verificar se algo pode ser melhorado para que alcancemos as metas desejadas, ou seja, devemos avaliar os resultados.

Podemos nos monitorar ao fim de cada dia, perguntando-nos:

- "Estou orgulhoso (a) pelo meu desempenho de hoje?"
- "Quais as coisas importantes que realizei hoje dentro do que havia programado?"

Estratégias eficientes de administração de tempo levam ao sucesso; estratégias ineficazes levam ao fracasso, simples assim. Estratégias de administração de tempo ajudam-nos a permanecermos motivados e em dia com prazos para a execução das nossas atividades; ajudam-nos a eliminarmos o adiamento de tarefas; a equilibrarmos as várias atividades – lazer, estudos, trabalho, vida social etc., e a mantermos um estilo de vida com excelente qualidade.

Finalmente, lance mão de todas as formas de reavivamento e reforçamento das tarefas e prazos que precisam ser cumpridos. Eis algumas ideias bem-sucedidas:

1) Envie e-mails pré-programados para os dias em que você necessite executar alguma tarefa ou cumprir um prazo no futuro.

2) Faça cartazes com as tarefas relacionadas com seus estudos e cole na porta do quarto, no banheiro ou em outro lugar visível.

3) Programe seu celular para avisá-lo (a) de atividades desejadas.

4) Mande telegramas pré-datados para si mesmo.

5) Escreva na sua agenda pessoal.

6) Programe uma agenda eletrônica.

7) Peça para alguém da família ou amigo fazer cobranças regulares a respeito do cumprimento das suas metas preestabelecidas

8) Recompense a si mesmo(a) quando atingir uma meta.

9) Reserve todos os dias 30 minutos para inspecionar sua lista de compromissos e aja imediatamente naquilo que for mais urgente.

10) Não queira estudar tudo de uma só vez – lembre-se de que a melhor forma para multiplicar o seu tempo precioso é dividir as tarefas – fazendo primeiro as maiores ou mais importantes, depois as menores ou menos importantes.

Ideias para ajudar a multiplicar o seu tempo:

1ª. Ritmo pessoal

Para se evitar estresse é fundamental que você conheça o seu ciclo de energia diária. Um corredor de 100 metros rasos tentará gastar todas as energias possíveis dentro do tempo inferior a 10 segundos para tentar quebrar o recorde, já que essa é uma corrida de velocidade. Em geral, você poderá aumentar bastante sua eficiência se conhecer em que horários cada fase aparece.

Evite tomar decisões nos momentos de tensão, como no esforço ao final do dia. É muito melhor quando se está nos momentos dinâmicos do dia. É também interessante reunir serviços semelhantes e manter constantes certos horários para atividades de rotina (como correspondência). Aprenda a gerenciar e multiplicar seu tempo fazendo uma checagem de pontos importantes.

2ª. Evite os comedores de tempo

Tome cuidado com os comedores de tempo, em geral atividades e rituais absolutamente ineficazes. Procure evitar as armadilhas abaixo.

• Existem pessoas que não recebem ninguém, mas que atendem todos os telefonemas, sem discriminação de importância.

• Procure avisar as pessoas do horário em que prefere receber as ligações.

• Antes de telefonar, relacione todos os assuntos que irá tratar. Não improvise nem confie na memória.

• Se estiver ao seu alcance, acabe com a famosa tolerância dos 15 minutos para reuniões. Na maioria das vezes, isso serve apenas para demonstrar o poder pessoal de um ou outro.

• Determine o horário de início, o de término, e mantenha-se na pauta original, não permitindo desvios.

• Negocie com seus colegas as interrupções ao seu trabalho, se estiverem muito frequentes.

• Cada papel de sua mesa deve ser visto uma única vez. Depois de visto, responda, delegue, arquive ou jogue no lixo.

Colocando em prática algumas dessas lições, com certeza sobrará mais tempo para você dedicar-se aos estudos e assim obter os resultados que você deseja.

7. DESENVOLVENDO A CONCENTRAÇÃO

Você provavelmente se apanhou "viajando" enquanto assistia a uma aula, palestra, lia um livro ou estudava determinado assunto, não é? Muita coisa fica perdida quando não estamos concentrados. Se a sua mente divaga, abandona os seus estudos por um ou dois minutos, naqueles preciosos momentos, é impossível ter aprendido alguma coisa.

A arte ou prática da concentração é importante, mesmo quando se estiver jogando cartas. Concentrar-se é eliminar a distração e focar na tarefa que se tem em mãos. Se você lê alguma coisa e de repente percebe que não tem ideia do que acabou de ler, ou se você assiste a palestras e tem dificuldade em prestar atenção ao que está sendo dito, estas dicas podem ajudar:

• Estude em um ambiente tranquilo.

• Como pausa, faça algo diferente do que você estava e em local diferente.

• Evite devaneios fazendo a si mesmo perguntas sobre o material enquanto o estuda.

• Antes das aulas, dê uma olhada nas anotações da aula anterior e leia o material do curso relacionado com a aula, de forma que você possa antecipar as ideias principais que o instrutor cobrirá.

• Exteriorize interesse durante as aulas (expressão e postura atentas) para manter a sua atenção concentrada.

• Resista às distrações sentando-se na frente da sala longe dos colegas perturbadores e mantendo o foco no professor e fazendo anotações.

Além dessas atitudes que ajudam a manter sua atenção concentrada, existem alguns exercícios úteis para robustecê-la ainda mais. A nossa mente necessita de treino adequado. A memória depende da atenção e esta da concentração. Aprender a concentrar-se, portanto, é uma poderosa ferramenta para obter sucesso nos estudos.

Faça estes exercícios quando tiver 10 minutos livres:

1) Inicie a leitura da página de um livro que deseja estudar e marque o tempo de dez minutos. Comece a leitura e vá marcando com um lápis ou caneta, todas as letras A, O, B e M que encontrar (pode escolher outras se desejar). Faça a leitura de modo natural, no ritmo habitual. Depois que chegar ao final da página, confira lentamente quantas letras deixou de marcar. Quanto menos letras ficarem sem ser marcadas, melhor terá sido a sua concentração no objetivo. Note que o objetivo dessa leitura não deve ser apenas a de entender o que

você leu, mas ao mesmo tempo, marcar as letras previamente escolhidas.

2) Pegue uma revista de palavras cruzadas e marque o tempo de vinte minutos para realizar o preenchimento de um desafio qualquer. Não interrompa sua tarefa por nada, até que termine o tempo estabelecido.

3) Grave um noticiário e depois assista sem o som, procurando apenas ler os lábios dos apresentadores e ver as imagens apresentadas. Faça várias vezes e depois veja o programa gravado com o som e compare com o que você tinha compreendido. Quanto melhor for a sua concentração, mais facilmente você conseguirá entender o que alguém fala somente lendo-lhe os lábios. Numa sala de aula, a capacidade de manter o foco no professor ajuda a entender o que está sendo transmitido.

4) Quando estiver caminhando por uma avenida longa, determine-se a contar 100 passos. Depois vá aumentando esse número até ser capaz de chegar a mil.

5) Quando estiver fazendo suas refeições, evite ficar pensando em outras coisas. Dedique sua atenção exclusivamente aos alimentos que estiver digerindo. Não coma tudo apressadamente. Deguste cada alimento, apreciando seu sabor único.

Com a prática destes simples exercícios v o c ê vai melhorar muito o seu poder de concentração.

8. NÃO ADIE OS SEUS ESTUDOS

Para remediar a procrastinação comece com um projeto de estudos modesto, responda estas questões básicas que estão abaixo, mantenha as respostas diante de você enquanto nota seu progresso.

O que você quer fazer?
- Qual é o objetivo final, ou o resultado almejado?
- Quais são os principais passos para chegar lá?
- O que você fez até agora?.

Por que você quer fazer isso?
- Qual sua maior motivação?
- Que outros resultados positivos advirão de atingir seu objetivo?

Liste o que está no seu caminho
- O que você pode mudar?
- De que recursos externos você necessita?
- O que acontecerá se você não progredir?

Desenvolva seu plano
- Passos principais, realistas: um projeto é mais fácil quando é construído em estágios, comece pequeno. Adicione detalhes e complexidade à medida que realiza e cresce.

- Quanto tempo cada um levará: um programa ajuda você a manter um gráfico de progresso e reforçar que há paradas no caminho.
- A que hora do dia, semana, você se dedica aos seus estudos? Isto o ajuda a desenvolver um novo hábito de estudo, construir um bom ambiente e afastar as distrações.
- Recompensas que terá em cada parada: é importante saber o que estará ganhando após vencer cada etapa.
- Tempo para passar em revista: encontre um amigo, uma pessoa ou um especialista de confiança para ajudá-lo a se automotivar ou monitorar o seu progresso.

Admita que maus começos e erros como experiências de aprendizado podem ser mais importantes do que os sucessos e dão significado à experiência. Distrações e fugas: não negue que elas existem, mas não deixe que elas dominem.

Emoção: aceite a frustração quando as coisas não parecem estar indo bem; admita que teve um problema, mas também que você está tomando uma atitude com relação a ele. Fantasia: imagine-se tendo êxito, mente focalizada no êxito o atrai. Se o adiamento é um hábito seu, esqueça-o. Focalize as tarefas e o projeto que tem em mãos, e comece a partir daí!

9. MULTIPLICANDO SUA VELOCIDADE DE LEITURA

De nada adianta você pensar em obter aprovação em um concurso, se ao menos não tiver tempo para ler o material das apostilas e livros volumosos. Provavelmente você já se deu conta que até o edital de um concurso é tão extenso que se gastam horas para lê-lo na íntegra.

A opção, portanto, é aprendermos a ler mais rápido. Isso é perfeitamente possível com treino. A simples leitura destas instruções que você terá neste material não fará nenhum milagre nesse sentido. É necessário que você coloque em prática o que aprender. Todos os dias. Esteja certo que, ao final de um ou dois meses, você conseguirá ler três ou quatro vezes mais rápido do que atualmente.

Existem vários cursos que prometem ensinar a ler mais rápido, e importante, com melhor compreensão do texto. Realmente, muitas técnicas ajudam a melhorar a leitura, mas não se trata de uma fórmula mágica que permita ao leitor ler mais rápido instantaneamente depois de ler sobre o método. Para conseguir resultados, é necessário treinamento e disciplina, assim como para aumentar a velocidade de digitação.

Um curso de leitura dinâmica não se resume a dar um treinamento voltado ao aperfeiçoamento da velocidade da leitura. Não basta ler mais rápido. O grande problema, muitas vezes, é que o aluno não consegue memorizar o que lê.

Caso você não seja bom na leitura convencional, também não será bom numa

leitura mais rápida. Por isso, há várias técnicas que visam estimular a concentração, além de procurar organizar as informações recebidas de modo a facilitar sua recuperação, estimulando a memória.

É preciso saber também que os possíveis benefícios de um curso de leitura dinâmica quanto à velocidade de leitura não se aplicam a todos os tipos de livro e texto. Se o objetivo é ler os grandes mestres da literatura em menos tempo, pode ser que um curso de leitura dinâmica ajude muito. Porém, em textos nos quais o objetivo da leitura não é extrair um resumo das ideias do autor, mas sim analisar os mínimos detalhes da história, a leitura rápida não cumprirá seu objetivo. Também nos textos científicos e contratos que exigem atenção redobrada, a leitura rápida não traz benefícios.

Portanto, para ingressar num curso de leitura dinâmica, além de ter consciência dos seus reais objetivos, deve-se estar preparado para gastar, além do horário das aulas, um tempo em casa, destinado aos exercícios, que não são poucos. São treinamentos para estimular a musculatura ocular, aumentar a concentração e aperfeiçoar a memória. Sem este tempo extra, não há como obter bons resultados.

Para aumentar a velocidade de leitura, que normalmente é de 150 a 250 palavras por minuto, os alunos precisam fazer exercícios para estimular a musculatura ocular. Outra técnica usada é a de passar os olhos pelo texto a uma velocidade muito superior àquela que se pretende, por exemplo, acima de 1.500 palavras por minuto, ainda que sem compreensão. A teoria é que o leitor se habitue com essa velocidade, quando baixar para 500 ou 700 palavras por minuto conseguirá compreender o que está lendo.

Para melhorar a concentração no texto e aumentar a retenção das informações lidas, os cursos sugerem que se faça a anotação de algumas palavras ou códigos ao final de cada parágrafo. Para memorizar palavras, sequências, compromissos etc., a dica é a associação. Associando estas palavras a uma imagem, de preferência de forma meio absurda, fica mais fácil lembrar delas depois. Por exemplo, se o aprendiz tem que lembrar de levar um envelope com documentos para o trabalho no dia seguinte, é só se imaginar abrindo a porta de casa para sair com um envelope, em vez da chave. O esperado é que, ao procurar a chave de casa para sair ele se lembre do envelope.

Se você preferir fazer um curso de leitura dinâmica presencial, isso o ajudará em muito nos seus objetivos, mas lembre-se de que as técnicas são as mesmas que estou apresentando agora neste livro. Importa apenas que você pratique-as, seja num curso presencial ou a partir das orientações aqui oferecidas.

9.1. Adquirindo a técnica

A maioria das pessoas, quando perguntada, diz que não gosta de ler, porque isto lhe dá sono. Na verdade, não é a leitura que dá sono, e sim o modo como ela é realizada. Devido ao modo como aprendemos a ler, as pessoas ficam com hábitos prejudiciais de leitura , tais como:

1) Subvocalizarão (leitura como os lábios ou com a garganta),

2) Leitura Linear (palavra por palavra),

3) Leitura desatenta (com constantes releituras do mesmo trecho e uma baixa retenção do conteúdo lido).

Também em razão desse tipo de leitura, as pessoas acostumam ler pouco, o que acarreta na maioria dos casos um pequeno repertório de palavras. Assim, qualquer palavra que desconheçam (devido a pouca leitura) provoca-lhe um desconforto interno inconsciente, que elas (as pessoas) procuram justificar-se dizendo para si próprias e para os outros que não gostam muito de ler. Existem, então, dois motivos básicos pelos quais você lê errado: a) o modo como aprendeu a ler; b) a ausência de leitura constante.

Na verdade, um decorre do outro: você lê pouco, devido ao modo como aprendeu a ler. É claro que isto não significa que não saiba ler; isto significa apenas que, em sua aprendizagem, foi imposto um limite à sua velocidade de leitura, limite este que você jamais tentou superar.

Quando se ensina uma pessoa a ler, as palavras são divididas em sílabas, para facilitar a aprendizagem da leitura. Além disso, as palavras são lidas em voz alta, sílaba por sílaba. Infelizmente, depois de aprendida a leitura, as pessoas continuam a ler fazendo esta vocalização das palavras; mesmo que silenciosamente. Na verdade, este é o maior obstáculo à leitura rápida.

Para aprender a ler dinamicamente, de um modo veloz e produtivo, você deve mudar o seu método de leitura, o que se pode conseguir com um treinamento especial. Primeiro, você deve perder o hábito de subvocalizar as palavras; depois, deve habituar-se a enxergar o conjunto de palavras, ao invés das palavras isoladas. À medida que progredir nos exercícios, você conseguirá enxergar blocos cada vez maiores de palavras de uma só vez. Com os exercícios de atenção, aprenderá a aumentar a sua atenção durante a leitura, o que fará que retenha cada vez mais o conteúdo do que ler. A velocidade que conseguir atingir, a partir dessa retenção de conteúdo, trará um prazer cada vez maior às suas leituras.

Faça os seus exercícios progressivamente, sem pressa e sem pular nenhum, de modo persistente. Escolha um lugar sossegado, e procure colocar-se de modo relaxado e receptivo, confiando que irá conseguir o que deseja.

Saiba se você é um leitor veloz ou leitor lento:

- Os leitores lentos captam uma ou algumas sílabas por fixação. O leitor dinâmico capta duas, três ou mais com uma fixação. Este, portanto, diminui consideravelmente a quantidade dos pontos de fixação.

- Em função do item anterior, concluímos que o leitor lento, ao contrário do dinâmico, detém-se com muita frequência.

- O leitor dinâmico consome menos tempo em cada pausa.

- O leitor dinâmico pode efetuar saltos de olho e movimentos de retorno com uma velocidade bem maior do que a convencional.

- O leitor lento se desconcentra com facilidade e lê de forma passiva. O dinâmico é concentrado e crítico.

- O leitor lento lê em voz alta ou repete mentalmente o material lido. O dinâmico incorpora diretamente a informação sem utilizar nenhuma forma de repetição.

9.2. Exercícios especiais de leitura

De início, para evitar que você procure vocalizar as palavras que irá ler, coloque um lápis entre os dentes, e empurre a língua contra eles (os dentes). Não se preocupe: você não vai precisar colocar um lápis entre os dentes, sempre que ler; você irá usar o lápis apenas nos cinco primeiros exercícios.

O que você deve fazer é procurar ver (e reconhecer) a palavra de uma única vez, olhando sua parte central. Faça apenas cinco movimentos dos olhos por linha, levando- os de uma só vez, bem rápido, ao meio da palavra seguinte (a linha toda deve ser lida no menor tempo possível – de três a quatro segundos, por exemplo, pra começar). Mantenha o lápis apertado entre os dentes, enquanto lê.

Atenção: Passe para o exercício seguinte somente quando puder reconhecer em um só olhar cada palavra do exercício anterior (fique com os olhos bem abertos, mas sem forçá-los, durante a leitura).

(Coloque uma folha de papel ocultando as linhas abaixo da linha que você está lendo, e vá descendo a folha progressivamente. Não se preocupe com as palavras que verá no fim da página. Apenas leia-as).

VÉU PAZ SUA FEL EMA

IRA LER VIA ARA PUA

SOL ATA MEL FIA LER

PÃO LUZ AVE TEM ECO

TAL PIA TIL UVA SAL ELO

UMA CAL TEU PAR DIA

CÉU MÃO AMA ELO LEI

SER SOM TEZ MAL SUL

LAR QUE VOZ NÃO MIL

TRI BOM MAR PÃO TUA

REI NUA VÉU BAR SIM

GIZ TIL LEI NOZ 137 ZUF

453 ÇPP MYT QIP 290 CXP

EWI CVU E4T I9W QP9 82W CCW

23Q M9P 4R5 WSA 5EW

(Coloque uma folha de papel ocultando as linhas abaixo da linha que você está lendo, e vá descendo a folha progressivamente. Não se preocupe com as palavras que verá no fim da página. Apenas leia-as)

VÉU PAZ SUA FEL

EMA IRA LER VIA ARA

PUA SOL ATA MEL FIA

LER PÃO LUZ AVE

TEM ECO TAL PIA TIL

UVA SAL ELO UMA

CAL TEU PAR DIA

CÉU MÃO AMA ELO

LEI SER SOM TEZ

MAL SUL LAR QUE

VOZ NÃO MIL TRI

BOM MAR PÃO TUA

REI NUA VÉU BAR

SIM GIZ TIL LEI NOZ

137 ZUF 45 ÇPP MYT

Exercícios com 4 letras
(Lembre-se de
olhar   apenas
no   meio   das
palavras).

BOLA SELO FILA CAMA MOLA

ANEL FACA SOMA TIRA PENA

VELA SONO HORA PANO

BALA MOTO AZUL TEMA

COLA SODA ATAR ROTA

COMA TIME MALA LONA

SACO VEIA AVAL LODO RAMO

NORA LIMA ZONA SOLA NETO

CAVA LATA TELA MIRA MOLA

VILA ZETA POTE CARO LAMA

BELA NATA TORA RATO

COVA SENO TELA SINO SILO

TOLO PENA ROMA CANO

PERA MNER XSDE PEOL

BCVF WRYE EWSD MDIO 3E4I

3ER4 WSDR

(Quando encontrar uma palavra que desconheça, apenas leia-a. O significado, você pode descobrir depois).

atirar - sonhar - acatar - sílaba - coloca - visado macaco - bolota - amanhã - pintar - treina - formar visada - sênior- tomada - cilada - alocar - trinar alçada - tramar - aceder - ornato - trilha - forçar acenar - notava - pendia - arcada - exílio- somado floral - hesita - vastas - tornar aceita – tendia

plotar - animar - aciona - honrar - fender - pairar impuro - tensão - núcleo - tímido - abalar - áspero miasma - valete - frenar - trinar - trotar - seguro gelado - paleta – pairar - hálito - terçar - caneta hausto -frisar - haicai - prosar -

atraso - macaco aferir - florir - assume - fresar - tulipa - acenou

PALAVRAS COM 5 LETRAS

atira -- sinal -- selar -- vigia -- somar vocal -- lavar -- tirar -- tomar -- cinto teima -- colar -- caixa -- aviso -- trema creme -- troca -- fraco -- molha -- evita bolha -- pilha -- acata -- sente -- ferir aroma -- pasta -- limar -- monta -- natal afere -- ponta -- ativa -- votar -- bócio norte -- mirar -- razão -- calma -- anela

viola -- valor -- trote -- greta -- fraco grito -- fruir -- hélio -- polir -- trato trono -- primo -- zunir -- focar -- calar aleta -- frevo -- cravo -- vidro -- remar

evt89 -- wcrdt -- mod09 -- niruid -- rfd67

nmd8i -- modop -- mfgod -- 435rd -- edry7

(Quando encontrar uma palavra que desconheça, apenas leia-a. O significado, você pode descobrir depois).

atirar - sonhar - acatar - sílaba - coloca - visado macaco - bolota - amanhã - pintar - treina - formar visada - sênior - tomada - cilada - alocar - trinar alçada - tramar - aceder ornato trilha - forçar acenar - nutava - pendia - arcada - exílio - somado floral - hesita - vastas - tornar - aceita - tendia plotar - animar - aciona honrar - fender - pairar impuro - tensão - núcleo tímido - abalar - áspero miasma - valete - frenar - trinar - trotar - seguro gelado paleta - pairar - hálito - terçar - caneta hausto frisar - haicai -

prosar - atraso - macaco aferir - florir - assume - fresar - tulipa - acenou

Quinto exercício – palavras variadas
azougue sonata cantil pendor anota tonelada notário afinal tão quota ceder pirado
salutar embrião trepidar acenou perra venal cota culmina abalar semente afim cálice pomar acionar finta gravata toca repassa cena bolota gincana face cal atordoa
camada pilastra mesclar aspecto sólido tenaz lampeiro queixar focal nata toca impera alardeia dedo falaz largo meada samba ilustrar sacode violenta sujo arpejo conecta vigora tonteia loteria conceder páscoa holocausto tonificar veículo atol honra ameia celeste escala explode moldar replicar foz zinabre rompante grei aflora primícias lei renúncia vegetal pasmar treliça calabouço tez funesto melhora caça cilada lombada pernalta um
tacada monetário aspas lenitivo pesado monumento quedar trela avaliação putativo corado geral
sonante aleia sustenido orla via apático alardeia deleite lâmpada frota lis hepatite
primado altar selim ato arma
substância queixume plausível sótão
seda ver grifo verão promana etapa
quiosque ida alerta selva falda escarpa
lotar mó zumbir trejeito mofina outeiro

elite salta esbarrar

cacife fiambre costado esboça finaliza

socapa soleira moderado economia falácia

ala retiro

(Se não conseguir ler uma linha em no máximo dois segundos e meio, volte aos exercícios anteriores).

(Há duas ou mais frases separadas por barras. Procure colocar os olhos abaixo de cada frase, bem no meio, procurando ver de uma só vez todas as palavras entre as barras. Mantenha a página a dois palmos de distância dos olhos, durante a leitura).

Esta questão / é difícil.

Os pássaros / são canoros.

A tecnologia / evoluiu

bastante. O som / se propaga

/ no ar.

Palavras vazias / não dizem / muita

coisa. Os produtos / à venda / são

baratos.

As questões / da prova / são difíceis.

Não há / evidências que / provem

isto. O triângulo / tem três lados.

É incrível / que isto não / tenha explodido.

O edifício tinha / exatamente / trinta e dois andares.

As vendas aumentaram / extraordinariamente / em

dezembro. Todos pararam de falar, / quando o diretor / pediu silêncio.

A previsão de tempo / indica que haverá / tempo bom, / sem nebulosidade.

As farpas pontiagudas / penetraram a pele / como agulhas, /

provocando dores / inimagináveis.

O solo é escorregadio; / procurem não cair, / ou quebrarão /

uma perna.

(Procure ler uma linha completa com o mínimo de movimentos dos olhos; pequenas varreduras laterais, em cima do ponto de leitura, no meio da frase, são permitidas, para abranger o campo de leitura).

(Nesta leitura, deixe o olhar seguir verticalmente para baixo, ao longo do texto, sem parar em cada linha).

O

pássaro

cortou

o

espaço

em um

voo

livre.

O grito

do animal ferido

mostrava o seu
sofrimento.
Pela janela aberta
entravam
os silêncios
da madrugada
infindável.
A teia
de aranha
balançava,
enquanto
a mosca
procurava,

sem conseguir, fugir ao
seu destino. Napoleão
Bonaparte invadiu o Egito,
levando, além
de soldados,
cientistas e engenheiros. A
orquestra
fez uma pausa,
esperando
o término do solo
do violino. "(...)
Existo também; de algum lugar

Uma mulher me vê viver; de noite, às vezes

Escuto vozes ermas

Que me chamam para o silêncio. Sofro

o horror dos espaços

o pânico do infinito

o tédio das beatitudes.

(...)"(Vinícius de Morais)

Exercícios com textos longos

A maior dificuldade / encontrada
pelos órgãos / de planejamento
das empresas / está na obtenção
de informações / precisas sobre
o mercado. Para evitar / queda
nas vendas, / cada etapa foi
automatizada, facilitando o /
intercâmbio de informações entre
gerentes e vendedores.

(Procure ler os textos a seguir com no máximo três movimentos laterais dos olhos, em cada linha).

O acordo de paz que resultou da ação diplomática não foi capaz de evitar que os países envolvidos no litígio de fronteiras entrassem em guerra. A paz voltou somente após a intervenção da Organização das Nações Unidas (ONU).

Durante a escalada, uma forte tempestade de neve impediu que os alpinistas seguissem montanha acima. Com grandes dificuldades,
o grupo de salvamento conseguiu recuperar os membros da expedição, levando-os para lugar seguro.

Vamos agora aplicar na prática todos os conceitos teóricos já absorvidos. Cabe ressaltar que o sucesso almejado para o curso depende fundamentalmente da assiduidade na execução dos exercícios.

Exercício de deslocamento visual
Tem como principal objetivo adaptar a musculatura ocular, para movimentações de deslocamentos verticais e horizontais em grande velocidade.
Procure focar sua visão na posição bem no centro, acima das palavras ou grupos de palavras, para facilitar a visualização das mesmas de forma completa, utilizando a técnica da visão periférica.

9.3. Exercício de Aceleração Visual

Este exercício tem como finalidade aprimorar o desempenho na movimentação ocular na leitura de textos, aplicando-se as técnicas descritas no item anterior. Para tanto, você deve escolher um livro de sua preferência, que deverá ser utilizado no treino diário.

Observe a seguir como administrar sua velocidade. Vamos considerar, de início, um valor P.P.M. (palavras por minuto) que será utilizado para determinarmos a velocidade de leitura de uma página. Para calcular o tempo de leitura de um texto, execute a rotina a seguir:

- Conte o número médio de palavras por página, multiplique-o por 60 segundos e divida o resultado pelo P.P.M. desejado. Imagine que você queira ler numa velocidade de 360 P.P.M. uma página com 540 palavras:

$$\frac{540 \times 60}{360} = 90 \text{ s}$$

- Significa que esta página será lida em 90 segundos, se for mantida a velocidade constante de 360 P.P.M.

- Exercitando-se durante 6 minutos a 360 P.P.M., você terá lido um total de páginas conforme o calculo a seguir:

360 seg (= 4 páginas = 90 seg)

Para que você atinja melhores performances durante o treinamento, é indispensável manter a velocidade constante na leitura, evitando variações de ritmo. Você poderá recorrer a um recurso prático que chamamos de GUIA, para auxiliá-lo na manutenção da velocidade. Utilize uma folha de papel, ou uma pequena régua como GUIA, que deverá ser deslizada no sentido vertical, de cima para baixo tampando as linhas já lidas. Logo, seus olhos estarão sempre enxergando a próxima linha, enquanto as linhas lidas estarão ocultas. Execute o movimento durante alguns segundos antes da leitura, de modo que você fique acostumado à velocidade prevista pelo P.P.M. escolhido. Aumente a velocidade do GUIA cada vez que você deseje aumentar o P.P.M., sincronizando-o com o tempo calculado.

Observe que no exercício de aceleração visual, você apenas deverá correr os olhos no espaço acima das linhas, de margem a margem, sem se preocupar com a leitura. A duração do exercício deverá ser de no mínimo 5 minutos. Se você decidir praticar, por exemplo, 10 minutos por dia, pratique 5 minutos, faça uma pausa para relaxamento dos olhos e pratique por mais 5 minutos.

Para relaxamento, feche os olhos e faça movimentos de giro lentamente dentro das órbitas. Friccione bem as mãos e, quando aquecidas, coloque-as suavemente sobre os olhos.

9.4. Exercício de aceleração compreensiva

Você deverá escolher um trecho qualquer de um livro de sua preferência, ou seja, uma ou duas páginas. Tente ler o mais rápido possível, com uma velocidade adequada à compreensão. Compreender o significado do que for lido: esta deve ser a maior preocupação deste exercício. Em seguida escreva o que compreendeu sobre o texto e anote o tempo de leitura. Repita o exercício, procedendo como segue:

- Some o número de linhas lidas na primeira vez, calcule quatro terços do resultado, e leia essa nova quantidade de linhas no mesmo tempo do texto anterior.

Exemplo:

1º texto: 30 linhas em 1 minuto

2º texto: 40 linhas em 1 minuto (4/3 de 30)

- Novamente, escreva sobre o que leu, anote o tempo, e não se preocupe com avaliação nem erros ortográficos.

Você pode recorrer ainda ao método de complemento. Estabeleça a velocidade desejada (P.P.M.) e aproveite o mesmo calculo realizado na **aceleração visual**. Assim você saberá quantas páginas você deverá ler num tempo X com o P.P.M. escolhido.

Exercício de leitura livre

Esta fase do treinamento lhe permite avaliar o desempenho em leituras variadas. Escolha um livro qualquer e proceda à leitura segundo as técnicas apresentadas. Você poderá avaliar seu grau de dificuldade da leitura, ou seja, alterando dias para leitura simples e para leituras complexas.

10. SELECIONANDO UM CONCURSO

Algumas pessoas costumam pensar que obter aprovação em um determinado concurso é só uma questão de sorte. Estão enganadas as que pensam assim. O assunto é bem mais profundo do que se pode pensar, principalmente porque entra em jogo uma série de fatores que precisam ser no mínimo conhecidos, se não puderem ser dominados tais como:

- número de candidatos por vaga;
- nível de escolaridade mínima exigida;
- data em que serão realizadas as provas;
- salário oferecido;
- instituição organizadora do concurso;
- local onde as vagas estão sendo oferecidas;
- exigências adicionais (além da prova de conhecimentos intelectuais);
- valor da inscrição;
- época da provável contratação etc.

Candidatos por vaga

Diferentemente do que muita gente pensa, quanto menos vagas existirem para um cargo, melhor, isto porque, quanto mais vaga, maior a procura. Será temerário um candidato que já tenha terminado o ensino médio há muitos anos e não domine as principais disciplinas exigidas no concurso tentar concorrer a uma vaga onde existam 500 candidatos para cada uma. É quase impossível o êxito nessas condições. O ideal é concorrer com um número menor de candidatos, de preferência, estando com um nível de escolaridade acima do exigido.

Escolaridade mínima exigida

É bom que você lembre-se de que, mesmo para cargos onde a exigência de escolaridade mínima é o ensino médio (antigo 2º grau), estarão concorrendo bacharéis das mais diferentes áreas e até pós-graduados. Por isso mesmo, é importante fazer uma avaliação prévia dessas condições antes de se aventurar num concurso.

Data em que serão realizadas as provas

Use a inteligência e raciocine assim: se você tiver muitos meses para se preparar para um concurso, (e estudar efetivamente) terá mais chances do que se tiver pouco tempo. Tenha a plena consciência de que você até pode ter o melhor material de estudos, os melhores professores à sua disposição, mas se tiver pouco tempo para estudar e aprender o que é significativo, então nada disso resolverá. É importante estabelecer esta relação: tempo para estudar até as provas X data da prova.

Salário oferecido

Quanto maior for o salário, mais qualificados serão os concorrentes. A necessidade de salário é diferente para cada um. Para aqueles em início de carreira a exigência é menor do que para aqueles com muitas obrigações e dependentes.

Mas precisamos analisar qual a remuneração mínima que pretendemos aceitar. Outra coisa que você deve avaliar também é: estarei feliz com este salário inicial? Terei, além do salário, outras vantagens, como plano de saúde, vale-transporte, ticket alimentação, viagens etc.? Melhor será certificar-se desses detalhes antes de se inscrever num concurso.

É fundamental também saber se a instituição, órgão público ou empresa tem um
plano de carreira interessante ou se você estará se condenando a ficar pelo resto da vida no mesmo cargo e salário, contando apenas com eventuais correções e reajustes salariais oferecidos depois de muita briga dos sindicatos ou associações.

Instituição organizadora do concurso

Existem atualmente no Brasil várias instituições que organizam concursos, mas são poucas as instituições qualificadas.

Principais entidades organizadoras de concursos públicos

- Centro de Seleção e Promoção de Eventos da Universidade de Brasília - CESPE
- Escola de Administração Fazendária - ESAF
- Fundação Carlos Chagas
- Fundação de Desenvolvimento e Pesquisa
- Fundação de Estudos e Pesquisas Socioeconômicos, localizada na Universidade Federal de Santa Catarina
- Fundação para o Vestibular da UNESP - VUNESP
- Núcleo de Computação e Eletrônica da UFRJ
- Fundação Escola do Serviço Público

O CESPE, que é uma das grandes organizadoras de concursos públicos e pertence à Universidade de Brasília, tem realizado provas com questões do tipo CERTO ou ERRADO, penalizando o candidato que marcar uma resposta errada com menos um ponto. Isso quer dizer que, se o candidato não tiver segurança em sua resposta, deve deixar em branco em vez de chutar. Mas o grande detalhe é que, se o candidato ficar muito inseguro e deixar muitas respostas em branco, talvez não consiga o mínimo de pontos necessários para sequer estar na lista de aprovados numa primeira etapa. Melhor será estudar o máximo possível para conseguir ao menos obter uma pontuação de classificação marcando apenas as respostas que julgar corretas. A credibilidade do CESPE, até a presente data, é inquestionável. Não se tem lido nos jornais manchetes estampando fraudes ou anulações de concursos organizados por essa instituição. O que não se pode dizer de algumas outras.

Outras instituições, como a ESAF, costumam realizar as provas com múltipla escolha, sem penalizar o candidato que erra. Algumas pessoas acham que esse sistema é melhor do que o aplicado pelo CESPE. Esta é uma discussão que não leva a nada, pois seja como for, os critérios são válidos para todos e só conseguirão melhores resultados os que estiveram mais bem-preparados.

Local onde as vagas estão sendo oferecidas

Em muitas cidades espalhadas pelo Brasil, existem possibilidades de bons concursos. Por vezes, a quantidade de candidatos é tão pouca que sobram vagas. Cidades como São Paulo, Rio de Janeiro ou Recife conseguem ter milhares ou até milhões de concorrentes a cargos importantes e com bons salários. É importante que você esteja atento a esses detalhes. Se você está à procura de um emprego estável em um órgão público, seja municipal, estadual ou federal, deve analisar o local onde as vagas estão sendo oferecidas. Muitos candidatos viajam três mil quilômetros para fazer um concurso no Acre ou em Macapá, pelo fato de existir um número menor de concorrentes naquelas regiões.

Outra coisa a ser analisada é a mudança de local de residência, caso você seja aprovado em determinado concurso. Certos órgãos públicos federais oferecem vagas em locais remotos, onde a necessidade de funcionários é maior. Assim sendo, faça uma análise sobre as possíveis mudanças de local. Você está preparado para viajar com a família para outro estado? Quais as vantagens ou desvantagens dessas mudanças?

Exigências adicionais

Muitos concursos são realizados em várias etapas. Em geral, ocorre uma prova de conhecimentos gerais, seguida de outra para avaliar conhecimentos específicos, provas de títulos e exames específicos. Procure avaliar amplamente suas habilidades em provas específicas. Muitos candidatos descobrem tardiamente que, depois de estarem aprovados numa prova intelectual, têm de fazer provas físicas, tais como correr, saltar, nadar, etc., ou ainda demonstrar outras habilidades tais como: digitar um texto, taquigrafar ou dirigir determinada categoria de veículo.

Valor da inscrição

Pode não ser um valor muito alto para muitos candidatos, mas para outros pode ser um empecilho grave. Veja se o concurso que você quer fazer tem uma taxa muito alta e reflita se valerá a pena gastar esse suado dinheirinho para tentar algo que já sabe antecipadamente não lhe trará qualquer benefício. Se você quer tentar a sorte, sugiro tentar as loterias. As chances podem ser até maiores.

Época da provável nomeação

Igualmente importante é a data em que o concurso ocorrerá e a data provável em que os candidatos aprovados serão chamados. Esteja preparado para esperar entre quatro meses e dois anos. Não faça planos descabidos, achando que, após ser aprovado em determinado concurso, todos os seus problemas já estão resolvidos. Talvez seja melhor não fazer muitos planos nem assumir novos débitos por conta. Deixe para gastar o seu salário com moderação depois de tomar posse. Muitos órgãos públicos (talvez por desorganização e incompetência) não conseguem incluir na folha de pagamento do funcionário contratado os salários devidos, senão dois meses depois, causando-lhe sérios prejuízos.

11. O ANTES, O DURANTE E O DEPOIS DE UMA PROVA

Geralmente se pensa que o mais importante é o que se faz antes e durante as provas de um concurso, esquecendo-se o "depois". Sem dúvida, o que se faz "durante" é que conta, mas, sem um bom "antes", nada poderia ter sido feito. Vamos supor que você está a duas semanas da data marcada para a grande prova do concurso. Você já estudou todas as matérias e revisou as partes que julga mais importante e está preparado para enfrentar o dia "D". Será necessário tomar alguma precaução? Ou basta esperar o dia da prova e mostrar no papel que é um dos melhores candidatos? Bem, acho que isto não é tudo, mas sim quase tudo. Vejamos agora as coisas que você deve fazer antes, durante e depois das provas.

ANTES DA PROVA

- Na última semana faça um programa pessoal para revisar os assuntos em que se considera mais fraco. Estude durante um ou dois dias da semana cada matéria do programa. Caso uma semana seja pouco tempo, programe então as duas últimas, para esta revisão geral. Tire as dúvidas que ainda restarem com alguém mais experiente.

- Avise a seus familiares, amigos, enfim, a todas as pessoas que convivem com você sobre o dia e hora da sua prova, pois você poderá se distrair e esquecer, como não raro ocorre com muitos candidatos. Alguns só lembram quando sai o resultado. Para ficar mais seguro, faça o seguinte: vá até uma agência dos Correios e passe um telegrama pré-datado para si próprio com a observação de que o telegrama deve ser entregue em determinada data (que deve ser um dia antes da prova). Os Correios dispõem desse serviço e não custa mais do que um telegrama comum. Se tiver conta de e-mail e Internet, mande um cartão pré-datado (www.netcard.com.br), com a mensagem : "AMANHÃ NÃO SE ESQUEÇA DA PROVA DO CONCURSO ÀS ...... HORAS". Esta é a maneira infalível de você não esquecer a data da prova; os Correios nunca falham quando se trata de telegramas pré-datados e a sua caixa de e- mail sempre entregará a mensagem no dia certo.

- Na última semana que antecede a data do curso, alimente-se bem, variando os alimentos. Coma bastante proteínas, sais minerais e vitaminas. Leite, ovos, carnes, cereais e frutas lhe fornecerão energias nervosas suficientes para enfrentar o desgaste da prova. Não se descuide da alimentação.

- No dia anterior ao da prova, faça uma "sabatina" consigo mesmo. Caso tenha elaborado perguntas que abordem todos os assuntos, tente acertar todas. Peça a outra pessoa que as faça a você. Com esta medida você reavivará na memória assuntos que há muito tempo não estudava; e no dia seguinte sua memória lhe devolverá o que for necessário.
- Durma no dia que antecede a prova. Suas energias devem estar no pico positivo.
- Antes de dormir, leia alguma coisa que julgue importante. Grande parte das coisas que pensamos antes de dormir lembramos logo que despertamos.
- Faça algum exercício para que a sua mente fique relaxada o suficiente para raciocinar com eficácia no momento em que estiver fazendo a prova.
- Previna-se com lápis, caneta, borracha e outros instrumentos que se fizerem necessários para a prova. Calculadoras de bolso ou régua com tabuada nem sempre são aceitas em concursos. Você deve informar-se se aceitam ou não. De

qualquer modo, é bom estar prevenido com material de reserva, para o caso de um deles falhar. Faça uma checagem antes de entrar para a sala do concurso.

- Faça uma checagem no automóvel no dia anterior ao concurso, principalmente se vai utilizá-lo. Soube de candidatos que perderam o horário das provas por ficarem retidos no trajeto, com o automóvel sem gasolina, pneu furado e sem sobressalente etc. Evite os contratempos, prevenindo-se e checando as possíveis falhas.

- Antes no mesmo dia do concurso, vá até o local onde as provas serão realizadas. Alguns candidatos, por não obterem informação correta do local onde farão a prova, acabam chegando atrasados ou perdendo o concurso por pararem em local errado.

- Antes de sair para fazer a prova, faça uma checagem nos documentos, principalmente o CARTÃO DE INSCRIÇÃO e a CARTEIRA DE IDENTIDADE, pois, sem esses documentos, você pode ser impedido de fazer o concurso.

- Como último conselho, por favor, ponha um despertador para acordá-lo com tempo de sobra, no dia seguinte. Se tiver dois despertadores, coloque ambos para despertar na hora desejada. Cuide para que um deles seja de corda, pois alguns relógios ligados à corrente elétrica, quando ocorre a falta de energia (mesmo por um segundo), desregulam o horário programado para despertar. Previna-se contra os golpes do destino.

É natural que você já conheça muitas dessas recomendações, porém nunca é demais falar sobre elas.

Veja agora o que você NÃO deve fazer antes das provas

- Não viaje nos dias que antecedem ao dia da prova. Pode haver algum contratempo impedindo-o de checar no momento necessário ou com folga os itens importantes;
- Não coma demais no dia que antecede a sua prova. Saiba que distúrbios intestinais e diversos mal-estares conseguem eliminar muitos candidatos, antes mesmo de sentarem-se na cadeira para fazer prova. Evite comida gordurosa, pesada ou aquelas que você não tem hábito de comer. Ir para um pronto-socorro, logo no dia do concurso, não é algo agradável;

- Não durma tarde na noite que antecede o dia do concurso. Lembre-se que suas energias devem estar no ponto máximo, e o sono é importantíssimo para que isso ocorra;

- Não tome nenhuma bebida alcoólica, nem calmante de espécie alguma, principalmente se não é uma prescrição médica para aquele dia. O entorpecimento do seu sistema nervoso não ajudará o seu raciocínio, que se tornará lento, e você tenderá a fazer confusões perigosas no momento de responder as questões.

- Drogas, orgias sexuais, ou qualquer outra coisa que provoque desgaste físico e psicológico devem ser evitadas ao menos um dia antes do concurso.

- Evite aborrecimentos, discussões e contrariedades no dia anterior ao da prova. Sua mente precisa estar feliz, segura e autoconfiante.

- Não saia de casa em cima da hora. Evite possível engarrafamento, acidentes inesperados, e a consequente perda do horário estabelecido como limite para os candidatos chegarem ao local da prova. Esta é uma recomendação muito importante. Quando você tem pressa, costuma esquecer as coisas, provocar confusões etc. Evite essas coisas.

Não saia tarde de casa, se quer ter tempo para relaxar.

- Não fume antes do início da prova. Algumas pessoas ficam nervosas e fumam sem parar. Psicologicamente pode ter algum efeito positivo, mas na verdade os efeitos na memória são negativos. Se puder não fumar, não fume.

DURANTE A PROVA:

- Relaxe, relaxe e relaxe. Lembre-se de praticar um exercício de relaxamento que pode ser bem mais simples do que você pensa. Respire lentamente com os olhos fechados, deixando o ar entrar nos pulmões e sair lentamente. Faça isso por três a cinco minutos e já será eficiente medida para relaxar o corpo e a mente. O seu cérebro também será mais oxigenado. Assim que tomar seu lugar, inicie o exercício de relaxamento, até o instante em que começarem a distribuição das provas.
- Esteja atento às instruções dadas pelos orientadores do concurso quanto ao tempo máximo de cada prova.
- Confira as questões da sua prova, verificando se estão em ordem, legíveis e completas.

- Nada de deixar o estresse e a ansiedade dominarem você, quanto ao tempo disponível. Em geral, o tempo regulamentar dado para realização da prova é suficiente para respondê-la. Tenha calma; relaxe.

- Vá respondendo as questões cujas respostas você lembra. Não deixe para depois aquilo de que você tem absoluta certeza. As perguntas que não souber a princípio, deixe para o final.

- Não marque a resposta certa no cartão de respostas (se for prova objetiva) simultaneamente à resolução das questões. Revise as suas respostas antes de preencher o cartão. Mas esteja atento ao tempo.

- Leia e releia com atenção cada pergunta. A pressa leva cerca de 10% dos concorrentes a errarem as questões muito fáceis. Só depois de ter certeza de que entendeu a pergunta, dê a resposta.

- Não "cole" num concurso, mesmo que você não saiba responder algumas questões. Evite perder a sua prova caso um fiscal perceba sua manobra desleal.

- Não dê "cola" ou facilite para seus concorrentes à leitura das suas respostas. Lembre- se de que um concurso é um teste pessoal e não uma prova de equipe. O risco de ser flagrado por um fiscal e perder a sua prova, por estar "fazendo o bem", é muito grande. Deixe suas virtudes de "bom samaritano" em casa, ou para outras ocasiões menos arriscadas.

- Quando se tratar de prova de redação, faça-a primeiro numa folha de rascunho. Agindo assim, você terá oportunidade de fazer revisões ortográficas etc.

- Ao fazer as famosas "continhas" numa prova de matemática, não confie no primeiro resultado. Refaça, se possível (se houver tempo suficiente), seus cálculos. Ao fazer isso, você evitará erros banais que prejudicariam seu bom resultado.

- No momento em que marcar as respostas certas no cartão de respostas, faça-o com cautela, conferindo a numeração da prova com a do cartão ou folha de resposta. Evite erros provocados pela afobação e falta de atenção.

- Não queira ser o primeiro a entregar a prova. Uma prova ou concurso é para testar os seus conhecimentos sobre as matérias dadas no programa, não para testar sua agilidade em responder as provas. Lembre-se de que a pressa é uma terrível inimiga da perfeição.

- Controle o tempo que gasta na sua prova. Se deixar muitas questões para o final, ou perder muito tempo tentando resolver uma única, acabará tendo que "chutar" respostas. Esteja atento ao tempo que resta; só assim conseguirá um bom rendimento dentro do horário previsto.

- Antes de entregar a prova, verifique se assinou corretamente, são muitos os candidatos que têm as suas provas anuladas por nela não constarem dados que identifiquem o candidato.

- Preencha os espaços destinados a sua identificação (nome, número, cargo etc.) com cautela, para que sejam corretos. Use sempre a caneta para preencher estes dados, a menos que seja exigência do concurso o preenchimento a lápis. Escrever a caneta é sempre uma garantia a mais.

- Ao marcar em cartões de respostas que serão usados num computador para leitura, use o material adequado e evite deixar uma questão sem resposta a não ser quando marcar uma questão errada implicar penalização.

- Alguns concursos usam as respostas erradas para contagem de pontos negativos. Se tiver certeza de que usarão este critério, não dê respostas, a menos que esteja absolutamente certo delas.

- Em provas onde a avaliação é feita contando-se as respostas certas, então nunca deixe questões em branco. Arrisque o "chute", pois desse modo poderá acertar algumas que seriam perdidas se não as marcasse.

Você já fez a sua prova. E agora? Será que precisa de algum outro sacrifício? Ou será que já pode comemorar? Não, ainda não. Você pode até ficar feliz por ter conseguido bons resultados, mas talvez outros candidatos também o estejam. Que vença o melhor. Mas, logo que passe a aflição da prova, qual deve ser seu comportamento?

DEPOIS DA PROVA:

- Informe-se da provável data em que darão o resultado do concurso, pois caso você não seja chamado por telegrama, saberá procurar informações no momento certo; nem muito antes nem muito depois.
- Caso o concurso seja dividido em etapas, saiba qual é a etapa seguinte (digitação, taquigrafia, condução de veículos, operação de máquinas e equipamentos etc.) e prepare-se para ela.
- Continue cuidando da sua saúde, pois chegará um dia onde você deve mostrar um corpo sadio e

bem cuidado. Todos os concursos públicos fazem um exame de saúde. Normalmente pedem exames de urina, fezes, sangue. São muitos os candidatos que não passam nesses exames. O ideal é cuidar da saúde, indo a um clínico geral para ver se há alguma coisa errada. Alguns concursos fazem exames oftalmológicos (exame de vistas). Se você tem alguma deficiência auditiva ou visual, é bom consultar um especialista antes do exame de saúde. Uma boa alimentação evitará anemia.

- Verifique se seus documentos, tais como certificados de conclusão de cursos, carteira profissional, e outros que serão necessários para sua efetiva contratação ou ingresso no órgão desejado, estão em ordem. Por falta de apresentação em tempo hábil de documentos exigidos, muitos candidatos aprovados acabam perdendo a vaga.

- Nunca é demasiado aborrecido alertar para que você deva estar ciente dos prazos limites para a apresentação de documentos, ou comparecimento ao órgão no qual prestou concurso. Compareça nas datas marcadas e nos horários certos. Seja pontual.

Fazendo todas estas coisas, seguindo estas recomendações de modo concreto, se de fato estudou com dedicação, é quase certo de que seu nome estará na relação dos aprovados. Faça uma lista do que julga fundamental realizar antes, durante e depois das provas, e esteja sempre checando a sua lista. Pode ser que você tenha uma boa memória, mas o esquecimento é algo natural e humano. Evite esquecer as coisas essenciais, por isso, tome nota.

Mesmo que você tenha consciência de haver feito uma boa prova, não saia espalhando isso por aí aos quatro ventos, pode decepcionar-se gratuitamente no futuro. Um concurso, principalmente quando é importante, atrai centenas e até milhares de candidatos. Todos querem ser aprovados, e o empenho para conseguir isso é igual ou às vezes superior ao seu. Leve em consideração os seguintes fatos:

• Para você ser aprovado, é necessário ter obtido um número de pontos acima da média.

• Haverá sempre um limite de vagas a serem preenchidas. Você pode ter errado apenas uma ou duas questões, mas, se havia dez vagas, e dez pessoas não erraram uma só questão, você certamente ficará de fora. Mesmo consciente de que fez uma boa prova, deixe a euforia para o dia do resultado.

- E finalmente, se você não foi aprovado desta vez, não foi culpa de ninguém. Haverá novas chances. Continue estudando e esteja alerta. Quem sabe não será no próximo?!

12. RESUMOS DE DICAS

1) A primeira regra é dedicar-se aos estudos. Leia livros, revistas e jornais e não apenas o material didático. A leitura ajuda a articulação de ideias, melhora o vocabulário e prepara para a compreensão de enunciados na hora da prova.

3) Escolha cedo o concurso que pretende fazer. Isso ajuda a diminuir a tensão às vésperas da prova e a dirigir o plano de estudo a um objetivo específico.

4) Aprenda desde cedo uma língua estrangeira, de preferência o inglês. Será uma matéria a menos para estudar às vésperas de um concurso.

5) Conheça bem a empresa ou órgão público onde quer trabalhar. As provas do passado podem fornecer a chave de como será o exame, pois as instituições empregatícias seguem um padrão.

O que você deve evitar:

1) Não deixe a preparação para a última hora. Aproveite para aprender bem os conteúdos no momento em que são ensinados durante o curso que estiver fazendo e faça apenas uma revisão na véspera do das provas.

2) Não se limite a decorar datas, fatos e fórmulas. As provas mais inteligentes feitas atualmente exigem informações contextualizadas. Em lugar de se preocupar

com quando, quanto e o quê, tente saber como e por quê.

3) Não exagere na quantidade de concursos. Dois são suficientes. Um número maior de provas vai dispersar o foco e esgotá-lo fisicamente.

4) Não se discute provas e concursos nas horas de lazer com os amigos. Isso pode acirrar o clima de competição e tornar-se um fator a mais de estresse.

5) Não se apegue às velhas fórmulas para decorar respostas, dicas e truques. Isso funcionava bem em concursos dos anos 70, mas hoje não vale mais. Já não existe o estudante despreparado que passa de raspão.

6) Não abandone as atividades que dão prazer, como praticar esportes, namorar, ir a festas e shows. Basta adotar um ritmo que não atrapalhe o estudo.

7) Não mergulhe desesperadamente nos estudos. Folgas semanais são fundamentais para a estabilidade emocional.

8) Não se desespere no último mês antes da prova e não mude drasticamente a vida por causa dela.

9) Não tente saber de cor todos os pontos do programa exigido. Não é necessário dominar tudo para fazer uma boa prova. É mais eficaz concentrar-se em seus pontos fortes.

10) Outras dicas: Em questões subjetivas, leia cuidadosamente o enunciado das questões, procurando

identificar os conceitos que estão sendo pedidos –vale lembrar que os mesmos podem estar subentendidos na pergunta. Ao formular sua resposta, certifique-se de que os citou correta e devidamente. Esse procedimento – explicitação e explicação dos conceitos – o ajudará bastante: tanto poderá levá-lo à pontuação máxima da questão quanto salvá-lo do fiasco, caso você venha a se "complicar" ao longo da resposta.

Ao redigir suas respostas, tente, sempre, ser o mais claro e objetivo possível. Uma dica: imagine-se explicando o que foi pedido no enunciado da questão para o seu irmão mais novo, que nada entende do assunto. Você deve ser capaz de elaborar explicações completas e acessíveis a qualquer pessoa.

Gramática e ortografia

Releia sempre suas respostas. Frases mal construídas, ideias confusas, palavras grafadas incorretamente, fatalmente, influenciarão negativamente em suas notas, já que dificultam a correção, não permitindo, às vezes, sequer a compreensão do sentido geral da resposta. Caligrafia

Capriche na caligrafia. Palavras ilegíveis impossibilitam a correção e podem prejudicar suas notas. Não se esqueça de que a tarefa dos corretores é corrigir suas avaliações, e não decifrá-las. Ganhe tempo

Durante as provas, tente resolver, primeiro, as questões mais simples. Deixe as mais complicadas e trabalhosas para o final. Isso fará com que você aproveite melhor seu tempo, evitando que seja obrigado a entregar sua avaliação com questões em branco ou incompletas.

Use o raciocínio: Os controles de leitura e provas a que você será submetido nada têm de decoreba. Pelo contrário, você se deparará sempre com questões que exigem uma boa dose de raciocínio. Quando estiver realizando quaisquer destas avaliações, redobre sua atenção: fique "ligado" nos menores detalhes, eles farão a diferença. Algumas questões, aparentemente óbvias, podem revelar-se bastante complexas.

REFERÊNCIAS BIBLIOGRÁFICAS

FERNANDES, Maria Nilza de Oliveira. **Técnicas de estudo: como estudar sozinho**. 2 ed. São Paulo: EPU, 1988.

GONZALEZ, Mathias. **Como ser aprovado em concursos**. 10 ed. Rio de Janeiro, Record, 1998.

MAGRO, Marina Celeste. **Estudar também se aprende**. São Paulo: EPU, 1979. 193 p. MARCONI, Mariana de Andrade; LAKATOS, Eva Maria **Técnicas de pesquisa**. 3 ed. São Paulo: Atlas, 1996.

O`MEARA, P; SHIRLEY; D.; WALSHE; R. D.; MADUREIRA, Manuela, Trad. **Como estudar melhor**. 2 ed. Lisboa: Presença, 1993

RANGEL, Mary. **Dinâmica de leitura para sala de aula**. 8 ed. Petropolis: Vozes, 1997.

www.ingramcontent.com/pod-product-compliance
Lightning Source LLC
Chambersburg PA
CBHW072202170526
45158CB00004BB/1732